Mit Erfolg zum

Goethe-Zertifikat A2: Fit in Deutsch

Unterrichtshandreichung

von
Anni Fischer-Mitziviris
Sylvia Janke-Papanikolaou
Karin Vavatzanidis

 Alles Digitale zu diesem Buch kann auf der Lernplattform
allango von Ernst Klett Sprachen abgerufen werden. So geht's:

QR-Code scannen oder **www.allango.net** aufrufen	Buchtitel oder ISBN in der Suche eingeben und auf das Buchcover klicken	Zum Inhalt navigieren, direkt abrufen oder speichern

Zu diesem Buch verfügbar: **Kopiervorlagen Wortkarten Teil Sprechen**

Ernst Klett Sprachen
Stuttgart

Mit Erfolg zum
Goethe-Zertifikat A2:
Fit in Deutsch
Unterrichtshandreichung

Weitere Komponenten:
Mit Erfolg zum Goethe-Zertifikat A2:
Fit in Deutsch, Übungs- und Testbuch
978-3-12-675812-3

1. Auflage   8 | 2026

Autorinnen: Anni Fischer-Mitziviris, Sylvia Janke-Papanikolaou, Karin Vavatzanidis
Redaktion: Uta Loumiotis
Herstellung: Anastasia Raftaki
Gestaltung und Satz: Cellworks nmc, Athen
Illustrationen: Cellworks nmc, Athen
Umschlaggestaltung: Julia Eden
Titelbild: shutterstock (arek_malang), New York
Druck und Bindung: Digitaldruck Tebben GmbH, Biessenhofen

Printed in Germany
ISBN 978-3-12-675813-0

Inhalt

Liebe Lehrerinnen und Lehrer,

mit dem Lehrwerk *Mit Erfolg zum Goethe-Zertifikat A2: Fit in Deutsch* legen wir ein Buch vor, das den Unterrichtenden die Möglichkeit gibt, Kinder und Jugendliche gezielt und effektiv auf die Sprachprüfung *Goethe-Zertifikat A2: Fit in Deutsch* vorzubereiten. Besonders wichtig war uns dabei, durch eine klare und übersichtliche Darstellung und ein ansprechendes Layout die Motivation zu fördern und die Angst vor der Prüfung zu nehmen.

Jede der Einheiten besteht aus Übungs- und Testteilen, die eng miteinander verflochten sind. Nicht das Testen steht im Mittelpunkt, sondern das konsequente und systematische Üben aller vier Fertigkeiten auf der Niveaustufe A2, wie sie im *Allgemeinen Europäischen Referenzrahmen* beschrieben ist. Dabei sind alle geforderten Themen abgedeckt. Den Themen ist der Wortschatz zugeordnet, der für diese Prüfung vorausgesetzt wird.

Viel Spaß und Erfolg bei der Arbeit mit *Mit Erfolg zum Goethe-Zertifikat A2: Fit in Deutsch*!

Autorinnen und Verlag

Hinweise zur Arbeit mit dem Übungs- und Testbuch

Bildcollage

Um den Lernern die Möglichkeit zu geben, den Wortschatz themenbezogen und möglichst umfassend zu üben, beginnt jede Übungs- und Testeinheit mit einer Bildcollage und einer Wortwolke. Hier werden wichtige thematische Aspekte dieser Einheit bildlich und sprachlich dargestellt. Diese Collagen sollen dem Lehrer/der Lehrerin helfen, das Thema, bzw. die Themen der Einheit sowohl inhaltlich als auch sprachlich vorzuentlasten.

Lesen

Bei **Teil 1** handelt es sich um einen Artikel, der sorgfältig-genau gelesen werden muss. Man soll zeigen, dass man Informationen/Hauptaussagen verstehen kann. Je nach Lernertyp liest man zuerst den Text oder aber zuerst die Aufgaben. Beim Lesen der Aufgaben empfiehlt es sich, Schlüsselwörter zu unterstreichen und die entsprechenden Stellen im Text zu suchen.

Bei **Teil 2** handelt es ich um einen listenartigen Text, wobei hier der intendierte Lesestil suchend-selektiv ist. Das Ziel ist, Einzelheiten zu verstehen. Man liest jeweils eine Aufgabe und sucht anschließend in dem listenartigen Text nach dem passenden Ort. Hier sei noch einmal darauf hingewiesen, dass zumindest einmal die Auswahlantwort „anderer Ort/andere Rubrik" zutrifft.

Bei **Teil 3** muss eine E-Mail sorgfältig-genau gelesen werden und es müssen Hauptpunkte und Einzelheiten verstanden werden. Auch hier kann man, je nach Lernertyp, zuerst den Text oder zuerst die Aufgaben lesen. Wie in Teil 1 empfiehlt es sich auch hier, Schlüsselwörter zu unterstreichen und die entsprechenden Stellen im Text zu suchen.

Bei **Teil 4** handelt es sich um Anzeigen, welche den Personen zugeordnet werden müssen, wobei es für eine Person keine Anzeige gibt. Es wird jeweils eine Aufgabe gelesen und dann nach der passenden Anzeige gesucht. Eine Anzeige kann nicht zugeordnet werden.

Hören

Dem Referenzrahmen gemäß sollen auf dem Niveau A2 sowohl Hörsituationen, wie Informationen von unterschiedlichen Medien/Quellen als auch Gespräche zwischen Muttersprachlern verstanden werden können. Dies wurde in den verschiedenen Testteilen umgesetzt. Das Hörverstehen wird in 4 Teilen geprüft. Der erste und der letzte Teil wird zweimal gehört, während die Teile 2 und 3 nur einmal zu hören sind. Wichtig ist, dass sich die Lerner die Aufgaben vor dem Hören anschauen und eventuell Schlüsselwörter unterstreichen. Das erleichtert das selektive Hören, während man die Aufgabe bearbeitet. In **Teil 1** sind aus 5 kurzen Mitteilungen die wichtigsten Informationen zu entnehmen und 5 dreigliedrige Multiple-Choice-Aufgaben zu bewältigen.

In den **Teilen 2** und **3** sind Bilder als Lösung zu wählen: In Teil 2 gibt es eine Auswahl von acht Bildern (ein Bild ist durch das Beispiel schon belegt) und in Teil 3 steht für jedes Item eine Auswahl von drei Bildern zur Verfügung.

In **Teil 4** wird sowohl globales Verständnis als auch Verständnis von Details mit Richtig-Falsch-Entscheidungen (ja-nein) überprüft. Die Hörsituationen wirken authentisch und berücksichtigen das angestrebte Sprachniveau A2.

Schreiben

In **Teil 1** haben die Lerner die Aufgabe, eine SMS zu schreiben, eine Textsorte also, die ihnen auch aus ihrer Muttersprache vertraut ist. In Alltagssituationen sollen sie sich entschuldigen bzw. etwas beschreiben, etwas begründen und vorschlagen, und zwar in der Du-Form.

In **Teil 2** geht es um eine E-Mail: Die Lerner wenden sich an Erwachsene und verwenden deshalb die Sie-Form. In vertrauten Kontexten reagieren sie z.B. auf eine Einladung, erklären und fragen nach.

Kleinschrittig werden die Lerner von stark gelenkten Texten in den ersten Einheiten, in denen notwendige Redemittel und Wortschatz vermittelt werden, zur freien Textproduktion geführt. Die letzten Einheiten sind im Prüfungsmodus gehalten. Hier wird durch Lösungen zu allen Aufgaben die Orientierung am angestrebten Sprachniveau A2 erleichtert.

Sprechen

Der Teil Sprechen hat folgenden Ablauf:

Durchführung des Prüfungsteils Sprechen
P1 = Prüfer 1
P2 = Prüfer 2
K1 = Kandidat 1
K2 = Kandidat 2

Teil 1

P1: erklärt den Ablauf der Prüfung und gibt zusammen mit P2 zu Teil 1 ein Beispiel vor

K1: bekommt 4 Wortkarten, nimmt die erste Wortkarte hat ca. 20 Sekunden Zeit und stellt dann eine Frage

K2: antwortet mit mindestens drei Sätzen (sonst Punktabzug!)

K1: nimmt die zweite Wortkarte usw.

Nachdem K1 vier Fragen gestellt hat, ist K2 an der Reihe, Fragen zu stellen und bekommt ebenfalls vier Wortkarten usw.

Teil 2

P1: erklärt die Aufgabe, gibt zusammen mit P2 zu Teil 2 ein Beispiel vor und liest das Thema der Aufgabenkarte vor (z. B. „Was machst du am Wochenende?")

K1: bekommt das Aufgabenblatt, hat ca. 20 Sekunden Zeit, um sich das Aufgabenblatt anzusehen und Antworten zu überlegen und erzählt dann über sich

P1: stellt ein bis zwei Fragen

K1: antwortet

Nun ist K2 an der Reihe, bekommt sein Aufgabenblatt usw.

Teil 3

P1: erklärt die Aufgabe, gibt den Kandidaten das Aufgabenblatt, gibt den Kandidaten ca. 20 Sekunden Zeit, damit diese das Aufgabenblatt lesen können, liest das Thema des Aufgabenblattes vor

K1 + K2: lösen die Aufgabe

Hier muss am Ende nicht zwingend ein Termin gefunden werden. Der Kandidat kann z. B. auch sagen: „Wir haben also nur früh morgens Zeit. Aber da möchte ich ausschlafen. Kannst du die Arbeit nicht allein machen?" Mögliche Antwort: „Also gut, dann mache ich sie eben allein."

Lösungen

1 Lösungen

Einheit 1   Schule und Lernen

Lesen

Teil 1		Teil 2		Teil 3		Teil 4	
1	b	6	b	11	b	16	e
2	a	7	b	12	c	17	x
3	c	8	c	13	b	18	a
4	c	9	a	14	c	19	c
5	b	10	a	15	a	20	d

Hören

Teil 1		Teil 2		Teil 3		Teil 4	
1	a	6	a	11	c	16	ja
2	c	7	f	12	a	17	nein
3	a	8	c	13	a	18	ja
4	b	9	h	14	b	19	ja
5	a	10	g	15	c	20	nein

Schreiben

Teil 1

1B
Text A: 0
Text B: a.,b.,c.
Text C: a.

1C
Text B

2
am Anfang: Grüzi, Hi, Hey, GM
am Ende: Hdl, Küsschen, BB, Gute N8, Ciao, LG, Bussi, Bye bye, CU, LiGrü

Einheit 2   Sport und Freizeit

Lesen

Teil 1		Teil 2		Teil 3		Teil 4	
1	b	6	c	11	b	16	a
2	c	7	a	12	c	17	e
3	c	8	b	13	b	18	x
4	a	9	b	14	a	19	d
5	b	10	a	15	c	20	c

Hören

Teil 1		Teil 2		Teil 3		Teil 4	
1	a	6	g	11	b	16	nein
2	a	7	f	12	a	17	nein
3	c	8	e	13	c	18	ja
4	a	9	h	14	c	19	ja
5	b	10	a	15	a	20	nein

Schreiben

Teil 2

3

Sage danke und sag, dass du kommst.	Danke für Ihre Mail. Natürlich kann ich früher kommen.
Erkläre: Warum findest du mehr Training gut?	Mehr Training finde ich prima. Wir sind dann besser als die andere Mannschaft.
Frage: Wo genau findet das Training statt?	Aber wo ist das Training? Normalerweise ist die Halle vor unserem Trainig nicht frei.

Sprechen

Teil 2

1B

Freizeitaktivitäten?	Fußball spielen, spazieren gehen, ins Kino gehen, in die Disko gehen, Freunde treffen
einen Ausflug machen?	nach … fahren, wandern
zu Hause?	Computerspiele machen, recherchieren, simsen, fernsehen, malen, basteln, mit dem Hund/der Katze spielen
für die Schule lernen?	etwas wiederholen, besser lernen, üben

2 Lösungen

Teil 3

Aufgabenblatt A:

Von zehn bis zwölf macht er Hausaufgaben. Von zwölf bis eins hat er Klavierunterricht. Danach isst er – etwa von eins bis zwei. Nach dem Mittagessen, von zwei bis drei, muss er zu Hause helfen. Dann hat er eine Stunde frei. Von vier bis fünf repariert er zusammen mit seinem Vater das Fahrrad. Von sechs bis acht geht er auf den Sportplatz. Um 9 Uhr sieht er mit Freunden eine DVD, wir wissen nicht, wie lange.

Aufgabenblatt B:

Von neun bis zehn füttert sie ihre Katze und bürstet sie. Dann kauft sie mit (ihrer) Mutter im Supermarkt ein. Das dauert zwei Stunden, von zehn bis zwölf. Mittagessen ist von zwei bis drei. Dann spielt sie zwei Stunden Handball im Verein. Danach hat sie frei bis um sieben. Von sieben bis neun macht sie mit Freunden Musik.

Einheit 3   Gesund leben – Gesund bleiben

Lesen

Teil 1		Teil 2		Teil 3		Teil 4	
1	a	6	a	11	b	16	d
2	b	7	c	12	c	17	c
3	c	8	b	13	b	18	e
4	b	9	b	14	a	19	a
5	a	10	a	15	a	20	x

Hören

Teil 1		Teil 2		Teil 3		Teil 4	
1	a	6	i	11	b	16	ja
2	c	7	d	12	c	17	nein
3	b	8	b	13	a	18	nein
4	a	9	g	14	b	19	ja
5	c	10	h	15	a	20	nein

Schreiben

Teil 2

2

Bedanke dich für die Mail und sage, dass du kommst.	Danke für Ihre Mail. Natürlich komme ich zum Treffen.
Schlage vor: Wie willst du helfen?	Ich glaube, dass ich helfen kann. Mit meinem Computer-Programm kann ich einen Flyer für den Fitnesstag machen.
Informiere, was du mitbringen willst.	Deshalb möchte ich meinen Laptop mitbringen. Ich bringe auch ein Poster mit.

Sprechen

Teil 2

1A

in der Schule?	nicht rauchen, zu Fuß nach Hause gehen, in der großen Pause Volleyball spielen
zu Hause?	Saft und Wasser trinken, Bioprodukte kaufen/essen
mit Freunden?	spazieren gehen, gesunde Dinge essen / keine Fastfood-Produkte essen

Einheit 4 Chatten, surfen, mailen

Lesen

Teil 1		Teil 2		Teil 3		Teil 4	
1	b	6	a	11	a	16	f
2	a	7	b	12	b	17	x
3	a	8	a	13	a	18	b
4	b	9	c	14	c	19	c
5	c	10	b	15	c	20	a

Hören

Teil 1		Teil 2		Teil 3		Teil 4	
1	c	6	e	11	a	16	nein
2	a	7	b	12	c	17	nein
3	b	8	f	13	a	18	ja
4	a	9	h	14	b	19	ja
5	c	10	d	15	a	20	nein

Sprechen

Teil 2

1A

Was?	Nachrichten, Quizsendungen, Spielfilme, Tierfilme
Probleme/Gefahren	Probleme mit den Augen / Schlafprobleme bekommen, keine Hausaufgaben (mehr) machen, nervös werden

Einheit 5   Familie und Freunde

Lesen

Teil 1		Teil 2		Teil 3		Teil 4	
1	b	6	b	11	c	16	x
2	b	7	a	12	a	17	d
3	a	8	c	13	c	18	f
4	c	9	b	14	b	19	e
5	a	10	a	15	a	20	b

Hören

Teil 1		Teil 2		Teil 3		Teil 4	
1	b	6	g	11	c	16	nein
2	a	7	d	12	a	17	nein
3	c	8	a	13	b	18	ja
4	c	9	i	14	b	19	nein
5	b	10	f	15	a	20	nein

Sprechen

Teil 2

2
Bilder malen
ein Lied singen
Kuchen backen
ein Theaterstück spielen
ein Geschenk basteln

Einheit 6   Wohnen und Umwelt

Lesen

Teil 1		Teil 2		Teil 3		Teil 4	
1	c	6	a	11	c	16	e
2	a	7	b	12	b	17	x
3	b	8	b	13	b	18	f
4	c	9	a	14	a	19	a
5	a	10	c	15	c	20	c

Hören

Teil 1		Teil 2		Teil 3		Teil 4	
1	b	6	h	11	a	16	ja
2	a	7	f	12	c	17	ja
3	c	8	g	13	a	18	nein
4	a	9	d	14	c	19	ja
5	b	10	c	15	c	20	ja

Schreiben

Teil 1

Hi Sofia,
ich muss am Samstag meinen Opa im Krankenhaus besuchen – sorry! Deshalb kann ich nicht zum Umweltfest kommen.
Ich kann aber am Sonntag, gegen 12 Uhr. Passt das?
Bussi
(Vorname)

Teil 2

Lieber Herr Windig,
Interviews machen finde ich toll und ich komme gern! Ich kann Fotos machen, weil ich eine neue Kamera habe. Ich kann
auch Fragen stellen. Wann und wo wollen wir die Interviews machen?
Viele Grüße
(Vorname + Familienname)

Sprechen

Teil 1

(Hier kommt es darauf an, wie der Gesprächspartner reagiert. Entsprechend ist eventuell die Anschlussfrage.)
1   Wo wohnst du? / Wohnst du in einem Einfamilienhaus oder in einem Mehrfamilienhaus? (eventuell: Wie viele Leute wohnen dort?)
2   Wie ist dein Traumhaus / sieht dein Traumhaus aus? Hat es viele Zimmer? / Ist es am Meer oder in einer Stadt?
3   Macht ihr Aktionen zum Umweltschutz in eurer Schule / in eurer Nachbarschaft / in eurer Stadt? Was genau macht ihr? Machen viele Leute mit?
4   Was macht ihr für die Sauberkeit in eurer Schule? Ist eure Schule sauber?
    Gibt es Abfall auf dem Boden? / im Schulhof?

Teil 2

Aufgabenkarte A „Stadt":
Ich wohne in …, in der Nähe vom Stadtzentrum. Da gibt es viele öffentliche Verkehrsmittel: eine S-Bahn, Straßenbahnen und viele Busse. Vor meinem Haus ist eine Bushaltestelle. Ich fahre meistens mit dem Bus. In der Nähe gibt es viele Einkaufsmöglichkeiten. Es gibt zwei große Supermärkte und viele andere Geschäfte, auch Boutiquen. In der Stadt kann man auch gut ausgehen. Es gibt viele Cafés, auch Fastfood-Lokale. Es gibt aber keine Disko. Wir müssen die S-Bahn nehmen, wenn wir in die Disko gehen wollen. In unserem Mehrfamilienhaus wohnen noch viele andere Menschen, aber ich kenne die meisten nicht. Ich kenne nur die Familie Ligakis, die neben uns wohnt. Sofia Legaki ist meine Freundin, und ihr Bruder geht in meine Klasse.

Aufgabenkarte B:
Ich möchte, dass unsere Umwelt sauber ist. Deshalb werfe ich den Müll immer in den Abfalleimer. Zu Hause sortieren wir den Müll: Plastik, Glas, Papier usw. Das kann man recyceln. Meistens fahre ich mit dem Bus zur Schule. In die Stadt fahre ich mit der U-Bahn. Wenn wir Lebensmittel kaufen, kaufen wir meistens Bio-Lebensmittel. Nur selten esse ich Hamburger, wenn ich mit meinen Freunden ausgehe. Wir sollen auch nicht so viel Lärm machen. Nur wenn ich in einen Club gehe, höre ich dort sehr laute Musik.

Teil 2

B: Am Samstag möchte ich lange schlafen. Aber ich kann um zehn Uhr. Und wir brauchen etwa zwei Stunden, also von zehn bis zwölf. Kannst du da?
A: Nein, leider nicht. Um zehn gehe ich immer mit meinen Eltern einkaufen.
B: Vielleicht um 11?
A: Nein, das geht nicht, weil wir sehr lange einkaufen, etwa bis eins. Und um zwei essen wir zu Mittag.
B: Aha. Vielleicht danach? Hast du da Zeit?
A: Nein, leider nicht! Da muss ich mit Petra und Karl Englisch üben, für den Englischtest nächste Woche. Aber danach kann ich.
B: Um wie viel Uhr?
A: Um fünf Uhr. Da habe ich viel Zeit, bis um neun. Kannst du da?
B: Um sechs kommt Oma Sylvia zu Besuch, von sechs bis sieben. Aber wir können danach arbeiten, von sieben bis neun.
A: Ok, das passt. Also am Samstag von sieben bis neun.

Einheit 7   Ferien und Reisen

Lesen

Teil 1		Teil 2		Teil 3		Teil 4	
1	b	6	b	11	a	16	x
2	a	7	b	12	b	17	d
3	a	8	c	13	c	18	f
4	c	9	b	14	a	19	c
5	b	10	a	15	c	20	a

Hören

Teil 1		Teil 2		Teil 3		Teil 4	
1	c	6	b	11	c	16	nein
2	c	7	c	12	b	17	nein
3	a	8	h	13	a	18	ja
4	c	9	i	14	a	19	ja
5	a	10	a	15	c	20	nein

Schreiben

Teil 1

Hey Jonas,
leider kann ich die Fahrkarten fürs Wochenende jetzt nicht kaufen, weil ich um fünf Handballtraining habe – in zehn Minuten! Aber es geht morgen nach dem Unterricht, ok?
(Vorname)

Teil 2

Liebe Frau Sonntag,
danke für Ihre Mail. Ich komme mit meinem Vater, meine Mutter muss leider länger arbeiten. Ich interessiere mich für diese Informationen, weil ich nächstes Jahr unbedingt nach Berlin fahren möchte. Wann genau findet die Informationsstunde statt?
Freundliche Grüße
(Vorname + Familienname)

Sprechen

Teil 1

1 Möchtest du Ferien mit deinen Freunden oder Mitschülern machen? (Warum?) / Darfst du mit Gleichaltrigen Ferien machen? Erlauben es deine Eltern?
2 Hast du schon einmal eine Auslandsreise gemacht? (Wohin? Wann?) / Möchtest du gern eine Reise ins Ausland machen?
3 Warum machen so viele Menschen Sprachreisen? / Möchtest du auch gerne eine Sprachreise machen? Wohin?
4 Wie gefällt dir eine Ferienreise im Winter? / Welche Vorteile und welche Nachteile hat eine Ferienreise im Winter?

Teil 2

Aufgabenkarte A:

In den Sommerferien möchte ich am liebsten eine Ferienreise nach Spanien machen, weil Spanien ein sehr schönes Land ist. Wir können nach Barcelona und nach Madrid fahren. Am liebsten möchte ich mit dem Zug fahren. Dann können wir noch andere Orte besichtigen. Außerdem ist der Zug nicht so teuer wie das Flugzeug. Im Zug kann man auch andere junge Leute aus vielen Ländern kennenlernen.
Ich möchte in den Sommerferien nicht zu Hause bleiben und auf dem Balkon Ferien machen, weil ich das langweilig finde. Da möchte ich etwas Besonderes machen.

Aufgabenkarte B:

In den Sommerferien möchte ich gern bei einem Jugendcamp mitmachen. Ich glaube, es ist sehr interessant, weil man viele junge Leute kennenlernen kann. Ein Jugendcamp im Ausland gefällt mir am besten, weil ich auch junge Leute aus anderen Ländern kennenlernen möchte. Dann kann ich auch fremde Sprachen sprechen. Wir können miteinander sprechen und etwas über unsere Länder erzählen. Wir können auch zusammen Ausflüge machen und Sport treiben. Ich möchte, dass das Camp etwa drei bis vier Wochen dauert. Dann können wir viele Dinge unternehmen.

Teil 2

A: Am Samstag stehe ich normalerweise nicht so früh auf. Und gegen 10 möchte ich mit Erik, Frank und Christine ins Freibad gehen.
B: Wie lange wollt ihr im Freibad bleiben?
A: Ich glaube, etwa bis um drei.
B: Ah, so lange! Um Viertel nach vier habe ich Handballtraining, bis um Viertel nach sechs. Und heute Abend bin ich auf der Geburtstagsparty von Ina.
A: Ich auch. Dann haben wir am Nachmittag und am Abend keine Zeit für das Sommerfest. Wir müssen noch einmal kontrollieren, wann wir Zeit haben.
B: Wir haben nur morgens Zeit! Eigentlich möchte ich erst um zehn aufstehen. Aber wir können diesen Samstag eine Ausnahme machen, was meinst du?
A: Ja, du hast recht. Wir können uns um acht treffen und zusammen frühstücken.
B: Super, das passt! Kommst du zu mir? Dann frühstücken wir zusammen bei mir!
A: Einverstanden!

Antwortbögen

LESEN / HÖREN - ANTWORTBOGEN

Hören

Teil 1

	a	b	c
1	☐	☐	☐
2	☐	☐	☐
3	☐	☐	☐
4	☐	☐	☐
5	☐	☐	☐

Teil 2

	a	b	c	d	e	f	g	h
6	☐	☐	☐	☐	☐	☐	☐	☐
7	☐	☐	☐	☐	☐	☐	☐	☐
8	☐	☐	☐	☐	☐	☐	☐	☐
9	☐	☐	☐	☐	☐	☐	☐	☐
10	☐	☐	☐	☐	☐	☐	☐	☐

Teil 3

	a	b	c
11	☐	☐	☐
12	☐	☐	☐
13	☐	☐	☐
14	☐	☐	☐
15	☐	☐	☐

Teil 4

	Ja	Nein
16	☐	☐
17	☐	☐
18	☐	☐
19	☐	☐
20	☐	☐

Messpunkte **Hören** ☐☐ / 2 0

Ergebnispunkte **Hören** ☐☐ / 2 5

Lesen

Teil 1

	a	b	c
1	☐	☐	☐
2	☐	☐	☐
3	☐	☐	☐
4	☐	☐	☐
5	☐	☐	☐

Teil 2

	a	b	c
6	☐	☐	☐
7	☐	☐	☐
8	☐	☐	☐
9	☐	☐	☐
10	☐	☐	☐

Teil 3

	a	b	c
11	☐	☐	☐
12	☐	☐	☐
13	☐	☐	☐
14	☐	☐	☐
15	☐	☐	☐

Teil 4

	a	b	c	d	e	f	x
16	☐	☐	☐	☐	☐	☐	☐
17	☐	☐	☐	☐	☐	☐	☐
18	☐	☐	☐	☐	☐	☐	☐
19	☐	☐	☐	☐	☐	☐	☐
20	☐	☐	☐	☐	☐	☐	☐

Messpunkte **Lesen** ☐☐ / 2 0

Ergebnispunkte **Lesen** ☐☐ / 2 5

SCHREIBEN - ANTWORTBOGEN

Teil 1

_____

_____

_____

_____

_____

_____

_____

_____

_____

_____

Teil 2

_____

_____

_____

_____

_____

_____

_____

_____

_____

_____

Messpunkte ☐☐ , ☐ ⟶ **gerundet** ☐☐ / 2 0

Ergebnispunkte ☐☐ , ☐☐

Transkriptionen

Einheit 1 Schule und Lernen

CD 1
Track 2

Hören Teil 1

Aufgabe 1

Moderatorin: Hallo, Leute, es ist wieder so weit: eure Sendung von 5 bis 6 bei „Radio Regenbogen". Im Zentrum steht heute das Thema „Schule". Langweilig? Nicht mit euch! Wer hat interessante Ideen? Was macht die Schule spannend? Und hier haben wir Lars am Telefon. Lars will etwas zum Thema „Hausaufgaben" sagen.

Lars: Also, ich gehe ins Goethe-Gymnasium und da haben wir einen tollen Hausaufgaben-Service. (1) Die Schüler im Computer-Kurs sammeln alle guten Hausaufgaben. Wenn du eine Hausaufgabe suchst, schau im Online-Katalog, vielleicht ist etwas dabei. Wer keine Hausaufgaben geschickt hat, bekommt auch keine von uns. Du kannst nur dann etwas bekommen, wenn du selbst auch schon etwas geschickt hast. Es funktioniert prima!

Aufgabe 2

Habt ihr noch ein Vokabel-Heft? Ich nicht! Ich lerne und trainiere jetzt neue englische Wörter mit dem Smartphone. (2) Kein Geld? Kein Problem! Das Programm kann man kostenlos im Internet finden. Es ist super einfach und die Übungen machen richtig Spaß. Damit kann ich sogar im Bus lernen.

Aufgabe 3

Die Abiturklasse in Kaiserswerth plant für die Themenwoche zum Ende der Schulzeit etwas Witziges: Tanz und Musik im Pausenhof. Es gibt dann keine Pausenklingel. Wenn die Musik anfängt, rennen alle in den Hof und tanzen. (3) Am letzten Tag tanzen alle zusammen den Harlem-Shake, also alle Schüler, Lehrer und der Rektor. Das wird lustig!

Aufgabe 4

Achtung bitte, eine Durchsage an alle Schülerinnen und Schüler. Wie ihr wisst, hat unsere Schule seit diesem Schuljahr einen Fan-Club für alle, die unsere Schule besuchen oder besucht haben. Für den Club suchen wir ein Symbol, ein Logo. Dafür machen wir einen Zeichenwettbewerb. Bitte schickt eure Ideen an das Sekretariat per Mail. Für die besten Ideen gibt es tolle Preise. Schaut euch das Plakat im Pausenhof an! (4) Dankeschön!

Aufgabe 5

Hallo Sabrina, hier ist Nina. Wir haben morgen die Lerngruppe für Geografie. Leider kann ich nicht kommen, weil ich Grippe und 39 Fieber habe. (5) Ich habe mein Thema schon fertig vorbereitet. Wenn du willst, kannst du alles vorher bei mir abholen, dann könnt ihr weitermachen. Ruf mich an! Tschüssi!

CD 1
Track 3

Hören Teil 2

V = Victoria
G = Goran

Beispiel:

G: Na, wie war der erste Tag? Wer ist euer Klassenlehrer?
V: Ach, ganz gut. Herr Kuhn, unser Mathelehrer (0) ist dieses Jahr auch unser Klassenlehrer.

Das war das Beispiel. Höre nun den Text.

V: Habt ihr in Deutsch wieder Frau Müller?
G: Nein, leider nicht, wir haben Herrn Schmidt. (6)
V: Oh je, der ist doch so streng! Und in Französisch? Wen habt ihr da?
G: Ich hab doch dieses Jahr kein Französisch! Aber in Biologie haben wir die Neue, Frau Sommer. (7) Die sieht nett aus. Habt ihr die auch?
V: Ja, ich habe sie aber noch nicht gesehen. In Kunst haben wir den verrückten Charly.
G: Du meinst Herrn Karl? Den mit dem Ohrring!!!
V: Ja, ja, ich glaube, die ganze Schule hat ihn. (8) Er ist mehr Künstler als Lehrer.
G: Macht nichts, der ist immer gut. Immer noch besser als Frau Vogel, die Musiklehrerin. (9)
V: Spiel doch ein Instrument, das mag sie. Gitarre vielleicht!
G: Nee, nee, dann trainiere ich doch lieber für Fußball. In Sport haben wir nämlich wie immer Herrn Seiper. (10) Ich bin so froh!
V: Verstehe: Sport und Fußball, das ist dein Leben.
G: Wen habt ihr denn in Chemie?
V: Das wissen wir noch nicht!
G: Na, ich denke eher, da hast du wohl nicht aufgepasst! Schläfst du schon am ersten Schultag?

CD 1
Track 4

Hören Teil 3

Aufgabe 11

Oma: Na, mein Junge, du bist ja jetzt auf dem Gymnasium. Macht dir die Schule Spaß?
Oliver: Geht so, Oma. Pausen und Ferien sind das Beste!
Oma: So, so! Sag mal, hast du ein Lieblingsfach? Früher hatten dir doch Geschichte und Englisch Spaß gemacht! Ist das immer noch so?
Oliver: Nein. Nicht mehr … Alles was mit Mathe zu tun hat, finde ich toll. (11) Für Fächer wie Sprachen muss man einfach zu viel lernen.

Aufgabe 12

Anna: Ja?
Laura: Hi Anna, ich habe vergessen, was wir in Englisch für Hausaufgaben haben. Sollen wir das Lied lernen, den Brief schreiben oder Grammatik machen? Weißt du das noch?
Anna: Ich glaube, wir sollen die Wörter aus dem Lesetext lernen. (12) Wir schreiben bald einen Test.
Laura: Ok, danke, Anna!

Aufgabe 13

Mädchen: Ach, der Bus hatte Verspätung und ich bin schon wieder zu spät in die Schule gekommen.
Junge: Fahr doch mit dem Fahrrad!
Mädchen: Darf ich nicht, das ist zu gefährlich.
Junge: Ich habe Glück, ich wohne nicht weit und gehe immer zu Fuß. (13)

1 Transkriptionen

Mutter: Bitte, <u>wo ist das Lehrerzimmer</u> hier?
Hausmeister: Also, da gehen Sie hier rechts, dann die Treppe hoch, nach links und da ist es gleich die erste Tür, Zimmer 103
Mutter: Im ersten oder zweiten Stock?
Hausmeister: Gleich <u>im ersten Stock. (14)</u>
Mutter: Dankeschön!

Junge: Ich freue mich schon auf den Schulausflug. Letztes Jahr hatten wir ja ein Schloss besucht. das war ziemlich langweilig … Aber auf morgen freue ich mich echt!
Mädchen: Ja, ich auch. <u>Wir wandern zum See. (15)</u>
Junge: Aber nur wenn das Wetter gut ist, bei schlechtem Wetter gehen wir ins Schwimmbad. Was ist dir lieber?
Mädchen: Also, ich hoffe, dass die Sonne scheint.
Junge: Genau, dann machen wir auch ein Picknick am See.

**CD 1
Track 5**

Hören Teil 4

M = Moderator
L = Lena

M: <u>In unserer Sendung „Meinungen" haben wir heute Lena zu Gast. (0)</u> Guten Tag, Lena.
L: Guten Tag und Dankeschön, dass Sie mich eingeladen haben.

Das war das Beispiel. Höre nun das Interview.

M: <u>Lena, erzähl uns etwas über deine Schule. Du gehst in eine Ganztagsschule (16)</u> in Berlin. Den ganzen Tag Schule, ist das nicht ein bisschen zu viel?
L: Ja, so denkt man am Anfang. Aber keine Angst, das bedeutet nicht, dass wir nur lernen. <u>Wir haben nicht mehr Schulstunden als andere Schüler auch (17)</u> und natürlich lange Pausen.
M: Aha, wie sieht denn nun so ein normaler Schultag aus?
L: Also, nehmen wir z. B. Montag. Da habe ich zuerst Mathe-Leistungskurs, dann Deutsch und Musik – 20 Minuten große Pause – danach Physik und dann Bio-Kurs – nochmal 10 Minuten Pause – und letzte Stunde Geschichte. <u>Dann ist von 1 bis 2 Mittagspause. (18)</u>
M: Wie ist das denn mit dem Mittagessen? Bringt jeder etwas von zu Hause mit?
L: Nein, wir haben eine Schulküche. Da bekommen wir warmes Essen. Das schmeckt meistens ganz gut. Wer das nicht will, kann etwas von zu Hause mitbringen oder vom Schulkiosk etwas kaufen.
M: Und am Nachmittag geht der Unterricht weiter?
L: Montag haben wir noch eine Doppelstunde Kunstunterricht, am Dienstag Sport und <u>Donnerstag ist Englisch-Theater. Das macht Spaß! (19)</u>
M: Und wie macht ihr das mit den Hausaufgaben?
L: <u>Meistens machen wir von 3 bis 5 Uhr in kleinen Gruppen Hausaufgaben. (20)</u> Wenn wir Fragen haben, hilft uns ein Lehrer.
M: Ok, das ist ja gar nicht so schlecht. Dankeschön Lena! Und jetzt geht es weiter mit Musik …

Einheit 2 Sport und Freizeit

CD 1
Track 6

Hören Teil 1

Aufgabe 1

Moderator: Willkommen zu unserer Radiosendung „Junge Leute von heute", eine Stunde Programm mit eurer Musik und zwei Interviewgästen. Felix und Lisa erzählen uns heute etwas über ihre Hobbys.
Felix: Hi, ich bin der Felix. Also in meiner Freizeit mache ich am liebsten Sudoku. Das ist keine asiatische Kampfsportart, wie Judo, nein, nein, das ist ein Zahlenrätsel. (1) Man muss die Zahlen von 1 bis 9 von oben nach unten und von links nach rechts in Reihen schreiben. Ich habe viele Bücher und Hefte dazu und spiele auch im Internet. Das finde ich echt spannend.

Aufgabe 2

Mein Name ist Lisa. Früher habe ich gerne Gameboy-Spiele gemacht. Aber seit einigen Jahren mache ich nur noch richtige Computerspiele. (2) Manchmal spiele ich mit Freunden zusammen und manchmal alleine.
Am besten finde ich Fantasie-Geschichten. Die sind manchmal kompliziert, aber immer spannend. Mir gefallen die tollen Bilder und die coolen Ideen.

Aufgabe 3

Hallo, Nina, hier ist Silke. Schade, dass du nicht da bist und dein Handy ist auch aus. Wir, also Hannes, Alex, Tina und ich wollen am Samstag oder Sonntag eine Radtour ans Meer (3) und doch nicht in die Berge machen. Das Wetter ist am Wochenende wieder super. Aber schwimmen können wir nicht. Ist noch zu kalt. Also ruf mich bitte an, wir wollen planen. Kommst du mit?

Aufgabe 4

Hier eine Durchsage an alle unsere Kunden. Heute Preise wie nie für alle Sportartikel und Sportkleidung! Sport-Lechner wird 50 – und das Geschäft, also die Geschäftsleitung und die Verkäuferinnen feiern mit Ihnen unseren Geburtstag! (4) Kaufen Sie heute mit 50% Rabatt, also alles zum halben Preis für Freizeit und Sport!

Aufgabe 5

Luna: Hallo, Tobias! Stimmt es, dass wir jetzt eine Rockband bei uns in der Schule haben und du E-Gitarre spielst?
Tobias: Ja, aber uns fehlt noch eine Sängerin. Sag mal Luna, du singst doch so toll. (5) Komm doch mal zu unserer Probe!
Luna: Ach, ich singe doch nur so zum Spaß.
Tobias: Passt, wir spielen auch einfach nur so zum Spaß!

CD 1
Track 7

Hören Teil 2

P = Pavel
J = Jana

Beispiel:

P: Hi, Jana! Schön, dass du zum Joggen gekommen bist (0)! Allein ist immer so langweilig!
J: Hi, Pavel!

2 Transkriptionen

Das war das Beispiel. Höre nun den Text.

P: Du, das Sportfest unserer Schule war mal wieder super!

J: Ja, klar, unsere Klasse war auch gut dabei. Wir haben 2 Preise geholt.

P: Wir haben den schnellsten Läufer der Schule. Chris (6) läuft die 100 Meter in nur 11,2 Sekunden. Der wird bestimmt mal berühmt.

J: Ja und Katja war im Schwimmen die Schnellste (7) von allen! Ist das nicht toll?

P: Viele in der Klasse sind sportlich und machen außer Schulsport auch in der Freizeit noch etwas mit Sport. Zum Beispiel Badminton, Turnen und im Winter Ski.

J: Vera zum Beispiel: Sie spielt sehr gut Volleyball. (8) Sie trainiert auch dreimal die Woche im Sportclub.

P: Und Kevin ist ein super Fußballspieler, (9) weil er fast jeden Tag trainiert und am Wochenende Spiele hat.

J: Weißt du was??? Ich glaube, unser unsportlicher Daniel hat mit Tennis angefangen. (10) Ich habe ihn auf dem Tennisplatz gesehen!!!

P: Und wir, was machen wir? Wir verschlafen unsere Zeit anstatt endlich mit dem Laufen anzufangen … Also los geht's!

**CD 1
Track 8**

Hören Teil 3

Aufgabe 11

Julia: du – du – du – dap – duuuu

Franzi: Du hörst auch so gerne Musik, nicht wahr?

Julia: Ja, immer und überall, im Auto, im Zug, aber am liebsten mit dem Handy im Bus, so wie jetzt. (11) Du nicht?

Franzi: Doch, doch, aber mein Handy hat keinen Akku, keine Batterie mehr.

Julia: Ach so, hier nimm den anderen Hörstöpsel, dann hören wir zusammen.

Franzi: Danke!

Aufgabe 12

Boris: Nachmittags und am Wochenende arbeite ich gerne im Garten. Mein Vater hat zur Zeit Probleme mit dem Rücken und kann das nicht machen. Also helfe ich ihm.

Ria: Das ist ja fantastisch! Dann kann ich dich ja was fragen: Meine Pflanze vor dem Fenster hat trockene Blätter. Was soll ich tun? Braucht sie mehr Sonne oder einen größeren Topf?

Boris: Sie braucht Wasser! (12)

Aufgabe 13

Junge: He, was machst du da? Malst du?

Mädchen: Nein, ich mache Figuren aus Papier, andere nennen es auch Origami.(13)

Junge: Das sieht kompliziert aus. Was ist das?

Mädchen: Das ist ein Vogel. Wenn du hier ziehst, dann kann er auch fliegen.

Junge: Tatsächlich, der Vogel fliegt, ist ja cool! Ha! Und man braucht ihn nicht zu füttern!

Aufgabe 14

Niko: He, Sylvie, was machst du heute Nachmittag? Wollen wir telefonieren?

Silvie: Nein, ich surfe heute Nachmittag im Internet und chatte mit meinen Freunden. (14)

Niko: Echt? Ich habe dich noch nie getroffen. Ich schreibe auch im Chatroom. **Silvie:** Du bist wahrscheinlich nicht auf meiner Freundes-Liste.

Niko: Ok, aber das können wir korrigieren, nicht wahr?

Conny: Was machst du in deiner Freizeit, Ulli?

Ulli: Freizeit? Was ist das? Ich gehe in die Schule und mache verschiedene Jobs.

Conny: Was für Jobs machst du denn und warum?

Ulli: Weißt du, ich will mir eine Gitarre kaufen und dafür brauche ich Geld. (15) Ich wasche Autos, ich verteile mit dem Fahrrad Zeitungen, alles!

Conny: Verstehe, du hast ein klares Ziel.

**CD 1
Track 9**

Hören Teil 4

M = Mädchen
Ma = Matthias

Beispiel:

M: Hallo Matthias, danke, dass du zum Interview gekommen bist. Wir brauchen für unsere Schülerzeitung noch etwas zum Thema „Freizeit und Hobbys" (0) und fragen deshalb Schüler dazu.

Ma: Ja, hi, kein Problem. Was wollt ihr denn wissen?

Das war das Beispiel. Höre nun das Interview.

M: Sag zuerst einmal, in welche Klasse du gehst und wie viel Freizeit du hast.

Ma: Also, ich gehe in die 10. Klasse und habe darum schon ganz schön viel für die Schule zu tun, (16) aber gerade deshalb brauche ich Sport als Ausgleich.

M: OK und was machst du so?

Ma: Ich bin nicht der Typ, der sein Leben lang Fußball spielt. (17) Ich probiere gerne mal was Neues aus. Zur Zeit spiele ich Pingpong und es macht großen Spaß. Auch hier an der Schule haben wir im Pausenhof Tischtennisplatten. (18)

M: Stimmt, bald ist auch ein Turnier bei uns mit anderen Schulen. (19) Darüber werden wir auch schreiben.

Ma: Ja, der Termin für das Turnier ist in 4 Wochen und wir trainieren schon hart dafür.

M: Wie viele seid ihr in der Schulmannschaft?

Ma: Na, so alle zusammen sind wir bestimmt so 30, aber nur 10 spielen beim Turnier mit. (20)

M: Wir wünschen viel Erfolg und hoffen auf gute Plätze!

Ma: Danke! Schau'n wir mal!

Einheit 3 Gesund leben – Gesund bleiben

CD 1
Track 10

Hören Teil 1

Aufgabe 1

M = Moderatorin
S = Steffi

M: „Radio Regenbogen" begrüßt seine jungen Zuhörer. Zu Gast im Studio sind heute Markus, Alexia und Steffi. Die Frage heute ist: Leben wir gesund? Was?! Kein Thema für euch?! Na, dann hört doch mal die drei von der Lorenzschule. Außerdem freuen wir uns auf eure Anrufe, wie immer unter der Nummer 0621-33…

S: Guten Tag, ich bin die Steffi, ich glaube, ich mache mal den Anfang. Tja, gesund leben bedeutet zuerst auch gesund essen. „Was essen wir in der Pause" war darum Thema bei uns in der Schule. Im Schulkiosk gab es Sandwiches und Brezeln, auch Kekse und Schokolade, aber nichts Gesundes. Doch ab jetzt kann man auch Müsli und Obst bekommen. (1)

Aufgabe 2

Hallo, ich bin der Markus. Wir hatten ein anderes Thema in der Klasse. Eine Mitschülerin kam mit einer Schultasche auf Rädern in die Schule. Einige haben gelacht. Denn so etwas hatte niemand bei uns: Eine Tasche auf Rädern! Aber, dann hat sie uns Folgendes erklärt: Der Arzt hatte ihr verboten schwer zu tragen. Stimmt, unsere Schulsachen sind sehr schwer. Viele nehmen nun einen Rucksack oder so eine Tasche auf Rädern. (2)

Aufgabe 3

Hi, ich bin Alexia. Über schwere Schultaschen und Rückenprobleme haben wir bei uns im Sportunterricht gesprochen. Ganz schlecht ist aber auch, dass wir so viele Stunden sitzen müssen und vor allem wie wir sitzen. Bis jetzt hatten wir nur Yoga und Pilates gemacht. Jetzt machen wir im Sportunterricht aber auch spezielle Übungen für den Rücken. (3) Wir nennen es „Rückenschule".

Aufgabe 4

Hallo Melanie, hier ist Sandra. Ich kann leider nicht zu deiner Geburtstagsparty kommen, weil ich krank bin und auch nicht zur Schule gehe. (4) Ich komme auch nicht zum Pilates-Training. Mein Hals tut weh und ich habe 39 Fieber. Ich glaube, ich habe Grippe. Unsere Lehrerin habe ich schon angerufen. Weißt du was? Wir beide feiern, wenn ich wieder gesund bin. Grüße an alle, auch an deine Oma!

Aufgabe 5

Achtung, bitte, eine Durchsage an alle Schülerinnen und Schüler des Schillergymnasiums! Es wird ein heißer Tag heute. Das Thermometer zeigt schon jetzt um 10 Uhr die Temperatur von 25 Grad. Das bedeutet, dass heute nach der 5. Stunde Hitzefrei ist. Ja, heute endet die Schule für alle um Viertel nach 12. (5)

Hören Teil 2

Beispiel:

Gesprächsleiter: Zuerst erzählt bitte, was ihr gerne esst. Was ist euer Lieblingsessen oder was schmeckt euch? Und sagt bitte immer euren Namen dazu.
Niko: Ich heiße Niko und mein Lieblingsessen ist Wiener Schnitzel mit Pommes. (0)

Das war das Beispiel. Höre nun den Text.

Pia: Mein Name ist Pia. Ich esse sehr gern Süßigkeiten. Ich mag Bonbons, Kuchen und vor allem Schokolade. Ich glaube, ich kann ohne Schokolade nicht leben. (6)
Aber bitte kein Eis! Und schon gar nicht Schokoladeneis!
Konrad: Süß? Nee, das ist nicht mein Ding. Ähm, ich heiße Konrad. Ich esse lieber salzig. Bei mir muss neben dem Teller immer das Salz stehen, dann bin ich glücklich. (7)
Thomas: Ich bin Thomas und ich esse am liebsten Pizza. (8) Ich bin dafür, dass es Pizza zum Frühstück, zum Mittagessen und zum Abendessen gibt und nicht Käsebrot oder Nudeln, oder so was. Hat jemand was dagegen?
Sally: Ja, ich zum Beispiel! Sally ist mein Name und ich will zum Frühstück bestimmt keine Pizza. Ich mag lieber Müsli und viel Obst, also Äpfel, Bananen, Orangen usw. (9)
Michael: Ok, aber zum Mittagessen gibt es dann Würstchen, am liebsten Frankfurter Würstchen. Ach ja, ich bin der Michael. (10) Aber bitte keine Brezeln oder so. Die schmecken mir einfach nicht.

Hören Teil 3

Aufgabe 11

Junge: Mama, wie oft soll ich den Hustensaft nehmen?
Mutter: Moment, ich muss den Zettel lesen. Kinder unter 12 Jahren nehmen dreimal am Tag einen Teelöffel, (11) also dreimal am Tag. Ich weiß, der schmeckt nicht … Aber sei froh, dass du keine Tabletten nehmen musst. Und wenn es dir besser geht, dann gehen wir Eis essen!

Aufgabe 12

Artur: Du, Lorenz, dürft ihr auch im Unterricht aufstehen und Wasser trinken?
Lorenz: Was? Nein! Wir dürfen nicht essen und nicht trinken, kein Käsebrot, keine Limo oder so …Und ihr dürft Wasser trinken? Wie das denn?
Artur: Ja! Unsere Lehrerin sagt: Wasser trinken ist gut. (12) Das hilft auch beim Lernen. Wir haben einen Tisch, da stehen unsere Wasserflaschen mit Namen.
Lorenz: Echt? Wie cool ist das denn?!

Aufgabe 13

Elena: Hilfe, ich bin zu dick! Ich muss etwas tun!
Lilly: Mach doch Sport, das macht fit und einen flachen Bauch!
Elena: Joggen finde ich aber langweilig. Und Tennis auch.
Lilly: Ich gehe Dienstag und Donnerstag immer schwimmen. Komm doch mit.
Elena: Gute Idee! Das Schwimmbad ist gleich hier in der Nähe. (13)

3 Transkriptionen

Mädchen: Du, Opa, was machst du da?
Opa: Ich lese die Zeitung und mache Rätsel. (14)
Mädchen: Warum machst du den ganzen Tag Rätsel? Warum gehst du nicht spazieren oder siehst fern? Nachher kommt deine Lieblingssendung!
Opa: Das ist gut für mich. Das hält meinen Kopf fit. Dann kann ich mich besser erinnern.
Mädchen: Tatsächlich? Dann mache ich auch Rätsel!

Junge: Ferien am Meer sind herrlich!
Mädchen: Ja, den ganzen Tag schwimmen, in der Sonne liegen und braun werden.
Junge: Aber pass auf! Zu viel Sonne ist nicht gesund. Du musst Sonnenmilch nehmen, sonst wirst du ganz rot und Mama schimpft.
Mädchen: Stimmt, gibst du mir bitte die Flasche mit der Sonnenmilch? Ich hab nämlich meine Sonnenbrille und meinen Sonnenhut vergessen!
Junge: Hier! (15)
Mädchen: Danke!

**CD 1
Track 13**

Hören Teil 4

M = Moderatorin

Beispiel:

M: In unserer Sendung „Gesund leben – gesund bleiben" (0) haben wir heute Herrn Dr. Mayer zu Gast.

Das war das Beispiel. Höre nun das Interview.

Mayer: Guten Tag!
M: Herr Dr. Mayer, wir Menschen haben Stress (16) in der Schule, im Beruf, überall gibt es Probleme, aber wir leben heute länger als früher. Wie kommt das?
Mayer: Nun, das liegt zum großen Teil an der modernen Medizin. Die Ärzte nutzen das Wissen mehr und mehr. (17) Außerdem denken die Menschen auch selbst mehr darüber nach, was gut und was schlecht ist, was nützlich und was schädlich ist.
M: Herr Dr. Mayer, können Sie uns bitte ein Beispiel nennen?
Mayer: Sicher! Nehmen Sie nur mal die Operationen. Viele waren früher kompliziert, gefährlich oder gar nicht möglich. Heute machen wir solche Operationen problemlos jeden Tag. (18)
M: Da haben Sie Recht! Wollen Sie damit sagen, dass die Ärzte, also die Chirurgen, heute schneller, d.h. öfter operieren als früher?
Mayer: Nein, nein, natürlich nicht. Ich sehe auch die andere Seite. Die Menschen passen besser auf sich auf. Sie informieren sich, sie lesen und lernen, wie sie selbst aktiv werden und gesund bleiben können. (19)
M: Aha, können Sie uns das etwas näher erklären? Wann beginnt das und wie geht das weiter?
Mayer: Nun, das beginnt schon in der Familie und im Kindergarten. Wichtig ist die Schule, aber am wichtigsten ist, dass wir nie aufhören zu lernen. Viele Informationen finden wir in Büchern, in Zeitungen, im Fernsehen und auch im Internet. (20) Aber es gibt nichts Gutes – außer man tut es!
M: Danke, Herr Dr. Mayer, für dieses schöne Schlusswort!

Einheit 4 Chatten, surfen, mailen

CD 1
Track 14

Hören Teil 1

Aufgabe 1

Moderator: Da sind wir wieder mit dem Programm für euch von „Radio Regenbogen". Hand auf's Herz: Wie viele Stunden surft ihr im Internet oder chattet mit Freunden? Hm? Na, wie auch immer, ruft uns an und erzählt, was ihr so im Internet macht. Unser erster Anrufer kommt aus Frankfurt. Tino, du sagst, du kannst ohne Internet nicht leben. Brauchst du das für die Schule oder für die Arbeit?
Tino: Nein, ich hatte einen Unfall und habe mich verletzt. Darum liege ich seit vier Wochen im Bett. Das ist natürlich total langweilig. Aber mit dem Laptop und Internet habe ich die Welt in meinem Zimmer und halte Kontakt zu meinen Freunden. (1)

Aufgabe 2

Moderator: Am Telefon haben wir nun Christoph aus Mainz.
Christoph: Hallo, also ich gehe in die 11. Klasse. Wenn ich für die Schule einen Aufsatz schreiben soll, dann hilft mir das Internet total. Da kann ich googeln und finde jede Menge Artikel und Informationen zu meinem Thema. Aufsatzschreiben war noch nie so einfach. (2)

Aufgabe 3

Moderator: Unser dritter Anruf kommt aus Wiesbaden. Hallo, Svea! Du sagst, dein Tag beginnt und endet mit chatten.
Svea: Ja, wenn ich aufwache, dann nehme ich zuerst mein Handy und schaue, ob meine beste Freundin nebenan auch schon wach ist. Dann chatten wir kurz, denn das ist billiger als telefonieren. (3) Und am Abend machen wir es auch so. Ja, ich kann das allen nur empfehlen.

Aufgabe 4

Moderator: Und wen haben wir hier am Telefon?
Nicole: Mein Name ist Nicole. Ich bin Studentin und habe keinen Job und nicht so viel Geld. Wenn ich etwas kaufen möchte, dann suche ich zuerst mal im Internet und vergleiche die Preise. (4) So habe ich schon für wenig Geld tolle Bücher und Klamotten gefunden.

Aufgabe 5

Moderator: Hier ist ein Anruf aus Darmstadt. Florian, was interessiert dich am meisten im Internet?
Florian: Ich mache in meiner Freizeit am liebsten Online-Spiele. Die meisten sind kostenlos und total spannend. (5) Ok, man kann auch Pech haben, aber das merkt man ja bald. Wenn es langweilig wird, dann suche ich mir ein neues Spiel.

4 Transkriptionen

CD 1
Track 15

Hören Teil 2

L = Leonie

J = Jan

Beispiel:

L: Wenn wir das Memory selbst basteln wollen, dann brauchen wir auch noch Bilder.

J: Ok, lass uns mal ins Internet schauen.

L: Also, dann such mal ein Bild für Kati.

J: Kati liebt Tiere, am liebsten Hunde. Schau mal, gefällt dir das?

L: Ja, gut. Oder nehmen wir die Katze hier?

J: Nein, nein! Lieber den Hund! (0)

Das war das Beispiel. Höre nun den Text.

L: Gut! Und zu Georg passt ein Fahrrad. Der hat zu seinem Geburtstag ein Mountainebike bekommen. (6)

J: Stimmt, … das hier sieht sportlich aus, nicht wahr?

L: Genau! Und was nehmen wir für Christian?

J: Ein Buch? Nein, besser einen Laptop. Der surft doch den ganzen Tag. (7)

L: Oh ja, das sieht gut aus.

J: Dann nehmen wir das Buch für Rosi. (8)

L: Ja, das passt. Wir brauchen auch noch ein Bild für dich. Du spielst doch gerne Basketball. (9)

J: Ok, das haben wir gleich. Schön! Und für dich das Telefon, du Telefoniertante!

L: Aber nicht das alte, lieber ein tolles Smartphone. (10)

J: Na gut. Nur noch drucken und ausschneiden.

L: Und das Geburtstagsgeschenk für Kati ist fertig!

J: Packst du es ein?

L: Mach ich! Das wird ein Spaß!

CD 2
Track 1

Hören Teil 3

Aufgabe 11

Philipp: Nett, dein Selfie, aber ich hab was Neues! Mit Max habe ich gestern ein ganz cooles Video gemacht.

Lotta: Philipp! Ein Video!!! Das ist doch genauso leicht wie fotografieren.

Philipp: Nein, kein normales Video. Max hat eine neue App. Da suchst du einen kurzen Text, aus einem bekannten Film zum Beispiel. Und du spielst dazu. (11) Das ist total witzig, wir haben uns totgelacht.

Lotta: Zeig mal, Philipp! Und gib mir mal dein Headset!

Aufgabe 12

Karla: Danke für die Einladung, aber wie finden wir den Weg zu euch?

Lukas: Tipp einfach meine Adresse ins Navi ein.

Karla: Wir haben kein Navigationsgerät im Auto.

Lukas: Ok, dann schau mal im Internet. Da gibt es immer gute Karten mit Wegbeschreibungen. (12)

Karla: Stimmt, da steht sogar, wie lange man braucht. Also, wir sehen uns.

CD 2
Track 2

Aufgabe 13

Frau: Wenn wir früher in Urlaub gefahren sind, mussten unsere Nachbarn die Post aus dem Briefkasten nehmen. Jetzt sind im Briefkasten nur noch Rechnungen und Reklame. (13) Und Zeitungen findet man auch kaum noch im Briefkasten.
Mann: Ja, die Menschen schreiben keine Briefe mehr. Man schreibt heute E-Mails. Da kann es höchstens Chaos in der Mailbox geben.
Frau: Genau, deshalb schreibe ich am liebsten SMS.

Aufgabe 14

Till: He, was machst du mit dem Handy hier? Du weißt doch, dass das in der Schule verboten ist.
Clemens: Ist schon gut, ich benutze es ja nicht im Unterricht. (14) Ich muss heute zum Arzt und mein Vater holt mich ab, dafür brauche ich es. So, und jetzt hol ich mir noch einen Jogurt vom Kiosk. Ach, Mist. Ich hab kein Geld dabei … Kannst du mir 70 Cents leihen?
Till: Ja, klar!

Aufgabe 15

Luisa: Du, Toni. Hör doch mal auf, immer in deinem Comic zu lesen. Sag mal, hast du Erfahrung mit Bloggen?
Toni: Also, du meinst selbst schreiben? Nee, wieso denn?
Luisa: Auf der nächsten Klassenfahrt machen wir so ein Web-Tagebuch. Jeden Abend sollen drei aus der Klasse im Blog schreiben, was wir gemacht haben. (15)
Toni: Super, dann können die Familien und Freunde gleich lesen und sehen, wie es euch so geht.

Hören Teil 4

M = Moderator
S = Sabine

Beispiel:

M: Sabine aus dem Schiller-Gymnasium konnte leider nicht ins Studio kommen, (0) aber wir machen ein Skype-Interview mit ihr von ihrem Zimmer aus.
Hallo Sabine!
S: Hallo!

Das war das Beispiel. Höre nun das Interview.

4 Transkriptionen

M: Sabine, ihr macht in der Schule Projekte im Internet. <u>Sind das Online-Aufgaben, die ihr löst</u> <u>oder was ist das?</u>

S: <u>Nein, bei unserem Projekt im Deutschunterricht geht es um Kontakte mit anderen Schülern</u> <u>aus anderen Schulen und anderen Ländern.</u> (16)

M: Echt? Ist ja cool. Und wie funktioniert das?

S: Also unser Deutschlehrer – selbst Schweizer – hat alles organisiert. Er hat <u>Schulen in drei anderen</u> <u>Ländern gefunden: in Frankreich, Polen und der Türkei.</u> (17)

M: Toll! Und was habt ihr zusammen gemacht?

S: Also zuerst haben wir uns kennen gelernt. <u>Wir haben per Mail Fotos geschickt und kurze Texte</u> <u>geschrieben.</u> (18) Alles auf Deutsch, die anderen lernen ja Deutsch.

M: Und dann?

S: Das Beste war, als wir uns auch online gesehen haben. Es ist was anderes jemanden auf einem Foto zu sehen oder mit der Web-Kamera. Und da haben wir auch richtig miteinander gesprochen. Da haben wir das Thema für unsere gemeinsame Arbeit besprochen. <u>Wir wollten zusammen eine</u> <u>Geschichte auf Deutsch schreiben.</u> (19)

M: Und das hat geklappt? So alle zusammen?

S: Nein, nicht so zusammen. Der Reihe nach hat jedes Land einen Teil geschrieben. Frankreich hat angefangen, dann Polen, dann die Türkei und zum Schluss wir.

M: Verstehe. Und seid ihr nun fertig? Kann man die Geschichte lesen?

S: Ja, und Bilder haben wir auch dazu gemalt und einen Comic gemacht.

M: Den wollen wir sehen!

S: <u>Schauen Sie auf die Homepage unserer Schule, da kann man ihn sehen.</u> (20)

M: Danke für den Tipp, Sabine!

Einheit 5 Familie und Freunde

Hören Teil 1

Aufgabe 1

Moderator: Es ist wieder so weit, die Sendung mit euch für euch, wie immer von 5 bis 6. Heute stellen wir die Frage: Was ist dir wichtiger – Familie oder Freunde? Wir freuen uns auf eure Anrufe. Und hier haben wir Valerie.

Valerie: Guten Tag! Also, wenn meine Familie am Wochenende zusammenkommt, dann sind wir schnell zehn bis zwölf Personen, manchmal sogar mehr. Wir wohnen nicht alle in einem Haus, aber im gleichen Ort. Es ist immer lustig, wenn wir zusammen essen. Manchmal streiten wir, aber bei Problemen helfen wir uns. Freunde sind wichtig, aber ich kann nicht ohne meine Familie leben.(1)

Aufgabe 2

Ich heiße Billy und ich meine, die Familie kann man sich nicht aussuchen, da wird man hineingeboren. Bei Freunden hat man die Wahl und wenn es nicht mehr passt, dann ist es eben aus. Trotzdem spielen Freunde eine sehr wichtige Rolle in meinem Leben. Ich habe mit meinen Freunden nicht nur Spaß, wir helfen uns auch. Wahre Freundschaft ist etwas sehr Schönes.(2)

Aufgabe 3

Achtung, hier ist eine Durchsage an alle Kunden. Ein kleines Mädchen, das seinen Namen nicht sagen will, hat seine Mama verloren. Eine Verkäuferin hat es an der Kasse im ersten Stock gefunden. Es ist ca. 4 Jahre alt,(3) trägt ein rotes Kleid und eine weiße Strumpfhose. Wenn Sie die Mutter sind, dann kommen Sie bitte sofort zur Information im ersten Stock. Wir warten hier auf sie.

Aufgabe 4

Hallo Nuray, hier ist Anne. Wollte nur mal hören, wie es dir geht. Wir haben uns sooo lange nicht gesehen. Treffen wir uns mal in der Stadt auf ein Eis? Oder noch besser, komm am Wochenende zu mir. Ich muss dir so viel erzählen. Ja, komm am Samstag und bleib über Nacht.(4) Wir können zusammen kochen und einen Film sehen, … ruf mich einfach an!

Aufgabe 5

Junge: Du, Paps, ich brauche mehr Taschengeld.(5)
Vater: Was? Das kommt nicht in Frage!
Junge: Aber alles wird teurer!
Vater: So, so! Dann tu doch etwas dafür! Du kannst z.B. deiner Mutter helfen oder das Auto waschen oder Oma im Garten helfen. Ach, nein! Jetzt im Winter geht das natürlich nicht!
Junge: Ok, dann wasche ich das Auto!

5 Transkriptionen

CD 2
Track 4

Hören Teil 2

S = Sofia
L = Leon

Beispiel:

S: Ich dachte, ich kenne alle meine Freunde und Mitschüler ganz gut und weiß, was sie so tun, aber es gab auch Überraschungen.

L: Ja, das war ganz interessant. Ich habe gestern mit <u>Hannes</u> telefoniert und <u>er hat mir gesagt, dass er so gern in die Natur geht. Er packt das Zelt ein und zeltet mit seinem besten Freund irgendwo draußen.(0</u>

Das war das Beispiel. Höre nun den Text.

S: Oder gestern beim Schwimmen habe ich <u>Sebastian</u> getroffen: <u>Er wandert mit seinen besten Freunden gern in den Bergen.(6)</u>

L: Genau! <u>Bei Josi war es klar. Er hat viele Freunde und wir spielen alle zusammen Fußball. Fußball ist sein Leben. Wer nicht Fußball spielt, ist nicht sein Freund.(7)</u>

S: <u>Nina tanzt gerne</u>, ok, aber dass sie mit ihrer besten Freundin in die <u>Jugend-Disco (8)</u> geht, wusste ich nicht. Dass ihre Eltern das erlauben …

L: Was ich gar nicht verstehe, dass <u>Ronja gerne mit ihrer Freundin redet.</u>

S: Wieso, <u>ich finde auch, dass Reden in einer Freundschaft sehr wichtig ist.(9)</u> Viel komischer ist, dass du und ich, also wir beide so gerne Karten spielen.

L: Wir können ja auch mal zusammen Musik hören!

S: Nein, nein! <u>Lieber Karten spielen!(10)</u>

CD 2
Track 5

Hören Teil 3

Aufgabe 11

Junge: Glaubst du, dass man im Internet Freunde haben kann?
Mädchen: Warum nicht? Du kannst schreiben oder chatten und deine Meinung sagen. Du kannst dich per Skype verabreden. Du kannst Freunde auf der ganzen Welt haben.
Junge: Ja, globale Freundschaft, dank Internet, aber <u>ich skype nie. Da treffe ich mich lieber mit meinen Freunden in einem Café.(11)</u>

Aufgabe 12

Frau: Du, <u>die Kaisers in unserem Haus haben ein Baby bekommen.</u>
Mann: Glaub ich nicht.
Frau: Doch, da steht: <u>Babysitter gesucht, zweimal die Woche für vier Stunden, Kaiser, 3. Stock.(12)</u>
Mann: Ha ha ha, vielleicht ist der für den Hund, der bellt doch immer, wenn sie mal ausgehen oder ins Kino gehen.

Aufgabe 13

Mutter: Marc, Oma braucht Hilfe.
Marc: Wieso, was ist denn?
Mutter: Ach, es geht ihr nicht gut. Sie hat den ganzen Tag sauber gemacht und ist jetzt total müde. <u>Sie kann nicht mehr einkaufen gehen.</u>
Marc: <u>Mach ich.</u>
Mutter: Du bist ein Schatz! <u>Hier ist der Einkaufszettel (13)</u> und nimm aus dem Garten auch ein paar Blumen mit. Oma gefallen die Margeriten so gut.

CD 2
Track 6

Aufgabe 14

Kevin: Also, ich finde, gute Freunde müssen auch mal streiten können, ohne dass die Freundschaft gleich zu Ende ist.
Alex: Ist ja sonst langweilig.
Kevin: Echte Freunde bleiben beste Freunde, auch wenn mal was kaputt geht, Handy oder Fotoapparat oder Laptop oder so.
Alex: Waaas?! Wo ist mein Handy?! Ich habe es dir gegeben!
Kevin: Upps, hier, ich wollte baden, und da ist es mir in die Badewanne gefallen.(14)
Alex: Kevin!!!! Du bist ja so blöd!!!

Aufgabe 15

Theresa: Du, Sarah, willst du später mal heiraten?
Sarah: Weiß noch nicht. Du?
Theresa: Auf jeden Fall. Ich will eine große Familie haben.
Sarah: Das heißt, du willst auch Kinder haben.
Theresa: Ja, am liebsten drei,(15) dann passen wir alle noch in ein Auto und machen zusammen Reisen.
Sarah: Klingt perfekt, und aufregend. Träum schön weiter, Theresa, denn für eine große Reise mit einer großen Familie und Auto braucht man auch viel Geld!

Hören Teil 4

M = Moderator
H = Herr Bauer
F = Frau Bauer

Beispiel:

M: Hallo und herzlich willkommen in unserer Sendung! Heute haben wir besondere Gäste, nämlich das Ehepaar Bauer aus Koblenz.(0)

Das war das Beispiel. Höre nun das Interview.

M: Herr Bauer, Sie haben vor 50 Jahren geheiratet ...
H: Ja, das ist eine lange Zeit. Ich war damals erst 25!
M: So ist es. Ein halbes Jahrhundert mit dem gleichen Menschen zusammen,(16) das stelle ich mir schwierig vor.
F: Ja, das ist nicht immer einfach. Aber wir haben eine wunderbare Familie und wir feiern gern zusammen.
M: Oh, erzählen Sie doch bitte mal, wie sie die „Goldene Hochzeit" feiern werden.
F: Also, wir feiern im Mai (17) und zuerst wollten wir alle zu uns in den Garten einladen. Wir sprechen von ca. 50 bis 60 Personen.
M: Oh, da haben Sie dann ja eine Menge Arbeit!
H: Genau, darum hatten unsere Kinder eine tolle Idee. Sie schenken uns alle zusammen eine Schiffsfahrt auf dem Rhein.(18)
M: Das ist wirklich eine super Idee!
H: So ist es. Unser Sohn kennt den Kapitän (19) und er hat mit ihm gesprochen. Wir dürfen auf dem Schiff grillen. Und zum Kaffee bringen wir Kuchen mit. Dann wird alles nicht so teuer.
M: Wird es auch Musik und Tanz geben?
F: Da bin ich mir sicher, denn wir tanzen alle gern. Nicht wahr, Joachim?
H: Ja ja, Luise, ein Hochzeitstänzchen darf nicht fehlen.(20)
M: Herrlich, dann wünsche ich Ihnen eine schöne Feier zu Ihrem 50. Hochzeitstag!(noch 16)
F
+
H: Dankeschön!

Einheit 6 Wohnen und Umwelt

**CD 2
Track 7**

Hören Teil 1

Aufgabe 1

Moderator: Willkommen zu unserer heutigen Sendung. Neben mir sitzt Melina von der Konrad-Adenauer-Schule.
Melina: Hallo! Meine Schule organisiert den Wettbewerb zum Thema Umweltschutz. Wie ihr auch auf unserer Homepage lesen könnt, suchen wir nach interessanten Experimenten, die man selbst machen kann. Alle Jugendlichen zwischen 14 und 17 dürfen teilnehmen. (1) Von den fünf besten Ideen machen wir ein Plakat zum Umwelttag. Macht mit und werdet berühmt!

Aufgabe 2

Mein Name ist Tibor. Letzte Woche war ich mit meinem Freund am Meer, obwohl es noch ganz schön kalt war. Das Wasser war herrlich. Aber am Strand lag ganz viel Müll. Diese Idioten, die alles so liegen lassen! (2) Wir haben alles gesammelt und einen Berg daraus gemacht. Den haben wir dann fotografiert und das Foto an die Zeitung geschickt. Dann haben wir den Müll natürlich zum Recyceln gebracht.

Aufgabe 3

Elisabeth: Sag mal, was sind das denn für Buchstaben auf euren Gläsern?
Christine: Also wir sind eine große Familie und wir trinken viel Wasser. Damit wir nicht so viele Gläser schmutzig machen, hatte ich eine Idee: Wir schreiben mit einem Stift auf unsere Gläser den ersten Buchstaben unserer Vornamen. (3) Einmal am Tag waschen wir die Gläser ab, das spart Wasser. Und das ist viel besser als auf die Gläser ein Bildchen zu kleben oder einen Ring zu stecken.

Aufgabe 4

Werner: Caroline, was ist los? Du siehst krank aus!
Caroline: Ach, Werner, mir geht es schlecht. Bei uns im Haus läuft seit drei Tagen keine Heizung. Das Heizöl ist zu Ende. (4)
Werner: Was??? Das bei der Kälte? Dann bestellt welches!
Caroline: Wie denn?! Ein Mieter hat nicht bezahlt. Die Kasse ist leer.
Werner: Verstehe, dann zieh dich wärmer an oder benutze eine elektrische Heizung.

Aufgabe 5

Mädchen: Hm, das Poster von der Rockband hast du schon sehr lange an der Wand.
Junge: Ich mag die Band, aber ein neues Bild ist auch nicht schlecht. Hier, ich habe ein Poster mit tollen Motorrädern.
Mädchen: Wow, das sieht richtig gut aus und passt super neben das Foto von deinem neuen Rennrad! (5)

**CD 2
Track 8**

Hören Teil 2

**H = Hannah
T = Tobias**

Beispiel:

H: Tobias, hier sind die Wohnungsanzeigen. Also, wir suchen eine Zweizimmerwohnung mit Balkon, am liebsten Altbau im Zentrum. Ein Reihenhaus wäre auch nicht schlecht … Aber eine Garage brauchen wir nicht! … Mal sehen, was hier noch so steht.

T: Stopp, da! … Oh, noch eine Seite, sogar mit Fotos …

H: Aber das sind nicht nur Zweizimmerwohnungen. Schau mal hier in der Parkstraße bieten sie eine Villa an, sieht aus wie ein kleines Schloss. (0)

Das war das Beispiel. Höre nun den Text.

T: Oder hier in der Uferstraße ein Haus mit Garten … Ich will nicht wissen, was das kostet. (6)

H: Hier: Wohnung im Zentrum, in der Marienstraße …

T: Aber das sind vier Zimmer und ist mit Dachterrasse (7) … hm, Altstadtring, drei Zimmer, modernes Hochhaus mit Lift. (8)

H: … alles zu groß und zu teuer … da: Zwei Zimmer im Eichenweg, hm, das ist eine Dachwohnung ohne Balkon am Stadtrand. (9)

T: … aber hier: 2 Zimmer, Altbau, Küche und Bad, mit Balkon, 3. Stock, in der Marktstraße.(10)

H: Bingo! Da rufen wir mal an.

Hören Teil 3

Aufgabe 11

N = Nele
S = Stefan

N: Du, Stefan, ich habe mir einen neuen Tisch, einen neuen Stuhl und einen neuen Schrank gekauft.

S: Einen neuen Stuhl!!! War ja auch Zeit, der alte war ganz kaputt. Darf ich ihn mal sehen?

N: Ich muss ihn erst noch aufbauen. Es sind mindestens 10 Teile aus Holz. Hilfst du mir bitte dabei?

S: Ja klar, Nele, das macht doch Spaß. (11)

Aufgabe 12

Junge: Oh, wir haben schon wieder so viel Altpapier für den Müll.

Mädchen: Also, ich habe in der Zeitung gelesen, dass eine Künstlerin daraus Kunstobjekte macht.

Junge: Echt? Find ich cool.

Mädchen: Ja, sie macht ihr eigenes Papier und malt darauf. Ich hab schon Bilder von ihr gesehen. (12)

Junge: Ok, sie kann alles haben.

Aufgabe 13

W = Walter
F = Freund

W: Also, ich mache das jetzt. Ich baue einen Sonnenkollektor auf das Dach. (13)

F: Ist das nicht sehr teuer, Walter?

W: Sicher, das kostet erst mal eine Menge, aber später sparst du das Geld wieder durch weniger Heizkosten. Und vor allem das Wasser zum Duschen, das hast du dann kostenlos.

F: Interessant, vielleicht mach ich das auch.

6 Transkriptionen

Aufgabe 14

Linda: Ich muss noch meine Monatskarte für die Straßenbahn kaufen. (14)
Boris: Ach, du fährst nicht mehr mit dem Auto ins Büro?
Linda: Nein, so ist es besser für die Umwelt.
Boris: Wenn du wirklich etwas für die Umwelt tun willst, dann fahr doch mit dem Fahrrad.
Linda: Und wenn es regnet?
Boris: Dann nimmst du die Straßenbahn.

Aufgabe 15

Mann: In unserem Haus sind 10 Wohnungen.
Frau: Ihr habt also 10 Familien im Haus. (15)
Mann: Nein, das sind nicht nur Familien, auch Leute, die alleine sind oder mit anderen zusammen wohnen. Alle zusammen sind wir ungefähr 30 Personen. Und jetzt will auch noch eine Computerfirma bei uns einziehen. Aber das ist nicht sicher!
Frau: Sag mal, kennst du die alle?
Mann: Nein, aber das ändern wir jetzt. Wir machen ein Fest für alle Hausbewohner.
Frau: Gute Idee!

Hören Teil 4

M = Moderator
K = Frau Klein
B = Herr Berger

Beispiel:

M: Willkommen zu unserer Sendung aus Magdeburg „Dafür – Dagegen". Heute haben wir das Thema „Stadt – Land" und wir haben zwei Studiogäste: Frau Klein aus Neuruppin, einer kleinen Stadt in Brandenburg und Herrn Berger aus Berlin. (0) Erzählen Sie uns bitte etwas über ihre Wohnorte. Wo lebt es sich besser?

Das war das Beispiel. Höre nun das Interview.

K: Ich lebe gern in Neuruppin, (16) weil das Städtchen nicht so groß ist, nämlich nur ungefähr 30.000 Einwohner.
B: Genau das wäre furchtbar für mich. Ich liebe es groß. Ok, Berlin ist mit etwa 3,4 Millionen Menschen schon sehr groß, (17) aber auch spannend. Da ist immer etwas los.
M: Ja aber, ist das nicht ein Problem, wenn Sie zur Arbeit wollen?
B: Ich muss quer durch ganz Berlin fahren. Aber das mache ich ganz bequem in 30 Minuten mit der S-Bahn.
K: Tja, da bin ich zu Fuß noch schneller! Ich bin Kindergärtnerin und brauche nur 5 Minuten zu Fuß zum Kindergarten. (18)
M: Wie machen Sie das mit dem Einkaufen?
K: In der Nachbarschaft ist ein kleines Geschäft und am Samstag fahren wir mit dem Auto zum Supermarkt.
B: Einkaufsmöglichkeiten finde ich überall. Berlin hat alles, Geschäfte, Leben und Ruhe.
K: Sicher, man kann in Berlin rund um die Uhr ausgehen, Berlin schläft nie! Aber das ist nichts für mich! (19) Neuruppin ist viel ruhiger und hat bessere Luft.
B: Vergessen wir nicht, Berlin hat auch viel Grün und auch viel Wasser. Das ist toll! (20)
M: Dankeschön, unsere Sendezeit ist leider zu Ende. Und weiter mit Musik.

Einheit 7 Ferien und Reisen

CD 2
Track 11

Hören Teil 1

Aufgabe 1

Hallo! Hier ist wieder „Regenbogen" die Sendung für euch, heute von Schülern der Paul-Klee-Schule. Feline und Lukas sprechen über Jugendreisen und Ferienjobs, also dranbleiben!
Feline: Hallo, also ich wollte dieses Jahr nicht mit meinen Eltern Urlaub machen, sondern lieber zusammen mit meiner Freundin in den Süden fahren. Aber das haben unsere Eltern natürlich nicht erlaubt. Da hatte meine Freundin die Idee, dass wir mit Jugendreisen in ein Jugendcamp fahren können. Alles ist organisiert und es kann eigentlich nichts passieren. Und das machen wir jetzt. (1) Ich bin schon ganz aufgeregt.

Aufgabe 2

Lukas: Hi, ich habe leider kein Geld für Reisen und schon gar nicht für lange Reisen. Ich suche einen Job und will vier Wochen lang arbeiten. (2) Ich spare nämlich auf eine eigene E-Gitarre, denn ich spiele in der Schulband. Ich weiß, es ist nicht einfach, einen Job zu finden, aber ich mache alles, egal was es ist. Also, wenn jemand von euch eine Idee hat, sagt es mir bitte!

Aufgabe 3

O = Oliver

R = Regina

O: Regina, was machst du in den Ferien? Hast du wieder Privatunterricht?
R: Nein! Ich fliege nach England und mache einen Englisch-Sprachkurs. (3)
O: Super! … in London?
R: Nein, in Padstow, einem Ort am Meer.
O: Oh, wie schön!
R: Na ja, ich habe jeden Tag 5 Stunden Unterricht.
O: Ok, da lernst du bestimmt viel.
R: Ja, und es gibt auch ein tolles Freizeitprogramm.

Aufgabe 4

Meine Damen und Herren, auf Gleis 1 fährt ein, der Intercityexpress 15 13 von Hamburg Altona (4) nach München Hauptbahnhof über Leipzig Hauptbahnhof, Nürnberg Hauptbahnhof, Abfahrt 14.57 Uhr. Die Wagen der ersten Klasse finden Sie in Abschnitt B, nächster Halt des Zuges ist Berlin Südkreuz. Bitte Vorsicht, bei der Einfahrt!

Aufgabe 5

Lia: Ich bleibe in den Ferien zu Hause und treffe Freunde. Und du, Moritz, was machst du in den Ferien?
Moritz: Ich fahre zu Verwandten, wie jedes Jahr. Ja, da sind wir eine richtig große Familie, (5) denn mein Onkel hat drei Kinder und Oma und Opa wohnen auch im selben Haus. Wir wandern oder machen Spiele und Oma backt den besten Kuchen der Welt.

7 Transkriptionen

Hören Teil 2
Beispiel:

Lehrer: Schön, euch wiederzusehen! Wie waren denn eure Ferien? Ich war ja fast die ganze Zeit hier in der Schule wegen des Jugendcamps, das hier stattgefunden hat. (0)

Das war das Beispiel. Höre nun den Text.

Lehrer: Aber nun erzählt erst mal ihr, was habt ihr gemacht? Ja, Dominique.
Dominique: Ich war mit einer Jugendgruppe in Frankreich. (6) Da war ein internationales Treffen. Ich habe jetzt Freunde aus Frankreich, Holland und Portugal.
Lehrer: Ist ja toll. Und du, Alexandra?
Alexandra: Zuerst wollten wir nach Spanien, aber dann sind wir eine Woche in die Alpen zum Wandern (7) gefahren. Ganz oben auf den Bergen lag noch Schnee.
Lehrer: Interessant! Emine!
Emine: Wir sind nicht in Berlin geblieben. Wir haben mit der ganzen Familie meinen Onkel in der Türkei besucht. (8) Er hat ein kleines Haus am Meer.
Lehrer: Herrlich! Jonas!
Jonas: Ich war die ganze Zeit hier. Ich habe am Ferienprogramm hier teilgenommen. (9) Wir hatten viel Spaß und waren auch oft im Schwimmbad.
Lehrer: Sehr schön! Und du, Max?
Max: Ich habe meinen Vater besucht, der arbeitet zur Zeit in Dresden. (10) Da bin ich ganz alleine mit dem Zug hingefahren, mit dem Intercity.
Lehrer: Oh, spannend! Dann seid ihr ja nun fit für den Unterricht.

Hören Teil 3
Aufgabe 11

M = Mann
J = Jochen

J: Servus!
M: Hi, Jochen! Wie war der Urlaub?
J: Ach, es war schrecklich, ich bin sauer auf das Reisebüro, nichts hat gestimmt. Alles war anders als es im Prospekt stand.
M: Oh, wie schade und ihr habt so viel Geld dafür bezahlt.
J: Wir streiten schon mit dem Reisebüro.
M: Geld geben sie bestimmt nicht zurück, vielleicht einen Freiflug, wenn ihr Glück habt.
J: Hoffentlich! Ein kostenloses Flugticket wäre toll. (11) Bye bye, ich muss zum Reisebüro.

Aufgabe 12

Paul: Und, was machst du nun in den Ferien? Meldest du dich im Sportclub an? Bitte, sag ja!
Kolja: Jaaa, ich habe meine Eltern gefragt. Ich darf am Fußballcamp teilnehmen.
Paul: Super!!! Wir gehen zusammen dahin! (12)

Kolja: Wir haben jeden Tag Training, mit und ohne Ball. Und Rosann spielt nebenan Tennis! Dann siehst du sie jeden Tag!
Paul: Yesss! Und am Ende sind wir fit für das große Spiel! O lee , o le, o le, o lee!

Aufgabe 13

Mädchen: Also, Sonnenbrille, Bikini und Strandschuhe sind drin.
Mutter: Was machst du, Emily?
Mädchen: Koffer packen, Mama! (13)

Mutter: Nimm auch was für schlechtes Wetter mit.

Mädchen: Ok! Eine Jeans, zwei T-Shirts und die Jeansjacke, … aber auch den roten Rock und die Blümchenbluse … und für den Abend das schwarze Kleid und die neuen Schuhe. Puh, ist Kofferpacken schwer!

Aufgabe 14

Bauer: So, sie sind also die Familie Frank. <u>Herzlich willkommen auf dem Lenz-Hof.</u>

Familie Frank: Guten Tag! – Hallo!

Bauer: <u>Dann zeig ich Ihnen zuerst einmal den Hof.</u> Da oben ist ihre Wohnung, aber wir gehen jetzt zu den Tieren. <u>Pferde haben wir auch, wenn jemand mal reiten will.</u>

Mädchen: Oh, toll! Das ist viel besser als Ferien am Meer oder in Paris oder so …

Bauer: Ja, du darfst auch helfen, beim Saubermachen und Füttern. Das ist nicht so langweilig, wie jeden Tag am Strand faulenzen.

Mädchen: Stimmt. <u>Ich liebe Pferde und helfe gerne mit! (14)</u>

Aufgabe 15

S = Sebastian

F = Florian

S: Puh, die Prüfungen sind vorbei. Jetzt packe ich Rucksack und Zelt und sage allem Stress für drei Tage „Ade".

F: Coole Idee, Sebastian, und was machst du? Fährst du wieder nach Berlin zu deiner Freundin? Oder doch an die Ostsee?

S: Nein! Nicht so weit weg! <u>Ich fahre mit dem Bus zum Zeltplatz am Fluss.</u>

F: <u>So ganz alleine?</u>

S: <u>Nein, nein, meine Freunde sind schon dort. (15)</u> Komm doch auch mit, Florian!

F: Danke, aber ich besuche meine große Schwester.

CD 2
Track 14

Hören Teil 4

R = Reporter

Beispiel:

R: Guten Tag, meine Damen und Herren! <u>Wir sind heute auf dem Marktplatz und informieren Sie über das Freizeitprogramm der Stadt für die Kinder in den Sommerferien. (0)</u>

Das war das Beispiel. Höre nun das Interview.

R: Es sind verschiedene Spielstationen für die Kinder eingerichtet. Gehen wir einmal näher und fragen. Was macht ihr hier?

Kind 1: <u>Wir basteln Sachen aus Papier.</u>

Kind 2: <u>Wir machen einen Zoo aus Papier. (16)</u>

Kind 3: Wir haben schon ganz viele Tiere.

R: Sehr schön sieht das aus! …Und was macht ihr?

Kind 4: <u>Wir sind die Schauspieler und spielen gleich Theater. (17)</u>Unser Stück heißt: Wickie und die starken Männer.

R: Da bin ich gespannt. … <u>Sie sind Frau Ackermann, das Herz der Kinder- und Jugendarbeit der Stadt. Erzählen Sie uns bitte etwas über das Ferienprogramm. (18)</u>

Frau Ackermann: Ja, gerne: <u>Das Ferienprogramm der Stadt ist für alle Kinder und Jugendlichen zwischen 6 und 16 Jahren. (19)</u> Es beginnt mit dem ersten Ferientag und dauert die ganzen Ferien hindurch. Das ist eine große Hilfe für Familien, wenn z.B. beide Eltern arbeiten, denn das Programm beginnt morgens um 8 und dauert den ganzen Tag, bis nachmittags um 5 Uhr. Für das Programm mit den Kindern haben wir das Jugendhaus und den Stadtpark. Es gibt also genug Platz für Aktionen drinnen und draußen. <u>Man kann die Kinder und Jugendlichen auf der Homepage der Stadt oder im Rathaus anmelden. (20)</u>

R: Dankeschön, Frau Ackermann. Und nun gehe ich mal zu den …

Die Audios sind digital zu dem Übungs- und Testbuch Mit Erfolg zum Goethe-Zertifikat A2: Fit in Deutsch, 978-3-12-675812-3, verfügbar.

Audios

CD 1

Track 2	Einheit 1, Hören Teil 1
Track 3	Einheit 1, Hören Teil 2
Track 4	Einheit 1, Hören Teil 3
Track 5	Einheit 1, Hören Teil 4
Track 6	Einheit 2, Hören Teil 1
Track 7	Einheit 2, Hören Teil 2
Track 8	Einheit 2, Hören Teil 3
Track 9	Einheit 2, Hören Teil 4
Track 10	Einheit 3, Hören Teil 1
Track 11	Einheit 3, Hören Teil 2
Track 12	Einheit 3, Hören Teil 3
Track 13	Einheit 3, Hören Teil 4
Track 14	Einheit 4, Hören Teil 1
Track 15	Einheit 4, Hören Teil 2

CD 2

Track 1	Einheit 4, Hören Teil 3
Track 2	Einheit 4, Hören Teil 4
Track 3	Einheit 5, Hören Teil 1
Track 4	Einheit 5, Hören Teil 2
Track 5	Einheit 5, Hören Teil 3
Track 6	Einheit 5. Hören Teil 4
Track 7	Einheit 6, Hören Teil 1
Track 8	Einheit 6, Hören Teil 2
Track 9	Einheit 6, Hören Teil 3
Track 10	Einheit 6, Hören Teil 4
Track 11	Einheit 7, Hören Teil 1
Track 12	Einheit 7, Hören Teil 2
Track 13	Einheit 7, Hören Teil 3
Track 14	Einheit 7, Hören Teil 4

Audio Impressum

Tonstudio: Bauerstudios GmbH, Ludwigsburg
Sprecher: Johannes Wördemann, Stella Katic, Barbara von Münchhausen, Michael Speer, Stephan Moos, Anna Lappe, Kim Engelhardt, Tom Riediger, Léo Gulier, Sylvie Eckert, Kaspar Wachinger, Lisa Sommerhalter, William Schulz, Hannah Beirer, David Wurm